APRENDE A INNOVAR EN EQUIPO

Las claves para sacar partido de un brainstorming

Por Nicolas Zinque

Traducido por Laura Soler Pinson

Coaching en50MINUTOS.es

¿CÓMO INNOVAR EN EQUIPO?

- **¿Problemática?** ¿Cómo implementar una tormenta de ideas productiva para llegar a decisiones concretas y originales?
- **¿Utilidad?** Innovar en grupo y encontrar soluciones creativas a problemas de la empresa o a necesidades de evolución.
- **¿Contexto profesional?** Todo tipo de trabajo colectivo.
- **¿Preguntas frecuentes?**
    - ¿Puedo organizar una tormenta de ideas sin moderador?
    - ¿Puedo participar en la tormenta de ideas si soy moderador?
    - ¿Cuál es la duración ideal para una reunión de tormenta de ideas?
    - ¿Cuál es el número de participantes ideal?
    - ¿Puedo realizar una tormenta de ideas a distancia?
    - ¿Qué hacer si la persona no alimenta la conversación?
    - ¿Es posible superar conflictos personales con la tormenta de ideas?
    - ¿La tormenta de ideas se adapta a todas las situaciones?
    - ¿Es mejor reflexionar solo o en equipo?

En el marco laboral, la competición y la competencia son duras y despiadadas, así que hay que poder adaptarse en cualquier momento a las peticiones de los clientes. Podría decirse incluso que, para las empresas, innovar se convierte en algo necesario —o vital—. Estas transformaciones pueden pasar por una reorganización interna, por la creación de nuevos productos, por invertir en un nuevo nicho, etc.

Antes de lanzarte en este tipo de dinámica, debes marcar un tiempo de reflexión para definir los objetivos y encontrar los medios para alcanzar soluciones creativas e innovadoras. Y para ello, ¿qué puede ser mejor que promover que los empleados participen en este proceso? En efecto, el trabajo en equipo es una fortaleza y, a la vez, una necesidad: una organización no puede basarse en la creatividad de una sola persona si quiere avanzar. ¿Pero cómo podemos optimizar el uso de los recursos creativos de nuestro equipo y llegar a soluciones innovadoras y concretas?

Muchos recurren a la tormenta de ideas: todos conocemos este método... ¡o eso creemos! A menudo se convierte en sinónimo de «exposición de ideas» en la que los participantes se divierten mucho. Sin embargo, en multitud de ocasiones, llegado el momento de sacar conclusiones, el grupo se encuentra perdido cuando debe filtrar las ideas que se han enunciado. Pasan las horas y no se ha concretado ninguna decisión. Surgen la decepción y la desmotivación, ya que los participantes tienen la impresión de haber reflexionado para nada. ¿Te suena esta situación delicada?

No obstante, este método ha demostrado su eficacia. Si se domina, permite explotar la creatividad de todo un grupo y se convierte en una herramienta poderosa al servicio de tu empresa. Y es que, a pesar de su imagen de reunión distendida, requiere un gran rigor en su preparación y en su gestión. Paradójicamente, cuando establezcas un marco riguroso, estarás estimulando más intensamente a tu equipo, que avanzará en la buena dirección.

«La tormenta de ideas se identifica como un momento de mayor libertad, mientras que durante el resto del tiempo, nuestro día a día se divide entre seguir unas líneas directrices y ejecutar el plan. Se trata también de un momento que permite coordinar los pensamientos de los distintos actores para dejar que cada uno se apropie de la estrategia global de la empresa» (Pascal, gerente de un equipo de mantenimiento informático para una mutua).

EL ABECÉ DE LA TORMENTA DE IDEAS ORGANIZADA

Desde sus orígenes en los años cuarenta, la tormenta de ideas (o *brainstorming* en inglés) ha producido resultados concluyentes. Su fundador, Alex Osborn (1888-1966), dirigente de una gran agencia de publicidad estadounidense, define el método de reunión. De esta manera, intenta responder a las exigencias de sus clientes que buscan ideas creativas para sus campañas publicitarias. Desde entonces, esta técnica ha evolucionado y, como prueba de su eficacia, ha sido adoptada por multitud de empresas.

La tormenta de ideas parte de dos planteamientos

- todos tenemos una cierta creatividad que puede generar nuevas ideas;
- tendemos a no expresar estas ideas por conformismo social, pero también porque, a menudo, nuestro lado racional vuelve a tomar las riendas. Por consiguiente, hay que realizar todos los esfuerzos posibles para contrarrestar esta doble influencia que las deforma.

Obviamente, la tormenta de ideas también se basa en dos etapas. En un primer momento, la recopilación de ideas «puras», que apela a la creatividad y, después, el tratamiento racional de estas ideas, que se basa en el análisis. Este es el fundamento de la tormenta de ideas. ¡No lo olvides!

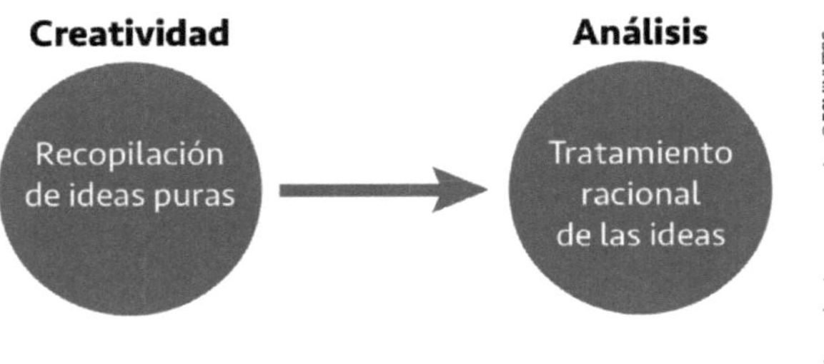

EL MODERADOR, EL ARTÍFICE DEL ÉXITO

El moderador, que a pesar de ser fundamental, a menudo es ignorado, es el encargado de la preparación de la tormenta de ideas, de su buen desarrollo y de la obtención de un resultado final. No interviene en el fondo, sino en la forma: por lo tanto, no podemos considerarlo un participante en el sentido estricto de la palabra, puesto que no propone ideas. Recomendamos esta neutralidad: si deseas ocupar este puesto, asumes que te retiras de la conversación.

Durante la reunión, sus metas principales son:

- garantizar que los participantes entiendan correctamente el objetivo y los retos de la tormenta de ideas;
- estimular la creatividad mediante diferentes técnicas y propiciar que cada uno se exprese;
- encarrilar de nuevo al grupo si pierde de vista el objetivo y gestionar los posibles conflictos;
- supervisar la fase de análisis y propiciar que el grupo

seleccione las soluciones más adecuadas para alcanzar el objetivo fijado;
- asegurar que se respete la programación establecida para la reunión.

Las cualidades más importantes del moderador son la observación y la escucha. Debe ser capaz de crear un ambiente cómodo para el grupo, siempre haciéndose respetar. A primera vista, este papel puede parecer complicado, pero se aprende.

PEQUEÑO PLUS

Para que el moderador pueda dedicarse por completo a su tarea, lo ideal es que esté acompañado por un asistente, cuya única misión será tomar nota de las ideas evocadas.

PREPARAR LA REUNIÓN

Establecer el objetivo

La tormenta de ideas surge porque se debe alcanzar un objetivo: puede tratarse de la concepción de un nuevo producto, de la creación de una nueva imagen corporativa que refleje los valores de la empresa, de la optimización de la producción, etc. Por lo general, si trabajas para un cliente, es él mismo quien establece el objetivo. En ese caso, tu misión consiste en proponerle soluciones adecuadas. Prepararás tu reunión y definirás los métodos de trabajo que se emplearán en función del objetivo que debas alcanzar.

Paradójicamente, cuanto más preciso seas con el enunciado, más obligarás a tu equipo a que dé muestras de su creatividad para superar los límites. Por ejemplo, ¿cómo convencer a los jóvenes de entre veinte y veinticinco años para que compren una gama de productos? ¿Cómo implantar un determinado producto en el sur?

Conformar el grupo

El otro pilar de la tormenta de ideas es el propio grupo. Un error frecuente es convocar a personal de un único departamento de la empresa: tienes que intentar que los perfiles varíen. Para una innovación técnica, puedes reunir a diseñadores gráficos, a ingenieros, a representantes comerciales, a contables, etc. Volvemos a tomar el ejemplo de los jóvenes de entre veinte y veinticinco años: incluye en tu equipo a personas de esta franja de edad. En algunos casos, no tendrás elección: el cliente o el contexto de la empresa (por ejemplo, una PYME con pocos empleados) te impondrán al grupo.

TRUCOS

- Si el tema de tu tormenta de ideas está en relación con una empresa cliente, invita a uno de sus representantes: así, forjarás unas relaciones más sólidas y evitarás que se pierda tiempo con vías de reflexión que se salgan del tema.
- Varía la composición de los grupos para enriquecer

las reflexiones, incluso si trabajar con personas que se conocen facilita las interacciones y ayuda a desinhibirse.
- Evita invitar a un jefe, por muy alejado que esté jerárquicamente, puesto que puede frenar la espontaneidad.

Convocar al grupo

Ahora es el momento de convocar al grupo. Los participantes deben recibir las informaciones prácticas y, sobre todo, deben conocer la temática de la reunión. En la medida de lo posible, reúnete con ellos de manera individual para entablar un primer contacto, y si no, invítalos por correo electrónico o por teléfono. En cualquier caso, envía un correo electrónico recapitulativo y un recordatorio la víspera. Este primer acercamiento le ofrece la posibilidad a tu grupo de iniciar una reflexión temprana y de documentarse. Sin embargo, no exijas demasiada preparación para no alterar la espontaneidad de las ideas.

LA CONVOCACIÓN POR CORREO ELECTRÓNICO

Emplea un tono caluroso en tu correo electrónico e incluye una pequeña nota de creatividad. Una simple frase puede servir para motivar y sensibilizar a tu grupo.

«Tenía la costumbre de empezar y acabar mis invitaciones con una frase divertida con la que a menudo formaba un juego de palabras con el tema de la reunión. En paralelo, la víspera de una reunión importante, le daba libre a mi equipo la última media hora del día, siempre

Un local adaptado

Igual que una oruga no puede convertirse en mariposa si no se rodea de un capullo protector, no se puede poner en marcha una buena dinámica de grupo si no se reúnen todas las condiciones.

La tormenta de ideas será más productiva en una sala tranquila, con un tamaño adaptado al del grupo: suficientemente grande para que cada uno esté cómodamente instalado, pero no demasiado, para evitar la sensación de vacío. El confort debe ser óptimo: radiador en invierno, aire acondicionado en verano y, si es posible, que haya servicios cerca. No olvides lo más importante: el café y algún tentempié. Relacionado con este punto, parece ser que el agua hidrata el cerebro y estimula la mente.

Una vez que has escogido el local, dispón correctamente las mesas y las sillas. No se trata de una frivolidad: algunas disposiciones favorecen la participación del grupo, mientras que otras son adecuadas para una sesión de información pasiva. Para estimular el diálogo, se da prioridad a dos opciones:

La disposición en U	La disposición en círculo
Las mesas se colocan formando una U y el moderador se sitúa en el centro.	El moderador puede formar parte del círculo o mantenerse aparte.
Ventaja: todo el mundo ve el soporte utilizado (pizarra o proyector), lo que facilita la transferencia de ideas.	**Ventaja:** la ausencia de ángulo muerto permite que todos los participantes se vean, lo que convierte a esta disposición en la solución ideal para instalar una verdadera dinámica de grupo.
Inconveniente: esta disposición incita a conversar más con el moderador, en detrimento de los otros miembros del grupo.	**Inconveniente:** obviamente, el soporte empleado se encuentra detrás de uno de los participantes, lo que resulta incómodo. Sin embargo, se puede destinar esta posición al moderador y a su asistente.

TRUCO

Cuando nos enfrentamos a lo desconocido, la primera reacción suele ser la de quedarse con las personas que conocemos. No dudes en romper las parejas de amigos y en mezclar a los individuos con personas de perfiles diferentes. Así, desde un punto de vista creativo, los confrontarás a otras maneras de pensar, a otros conocimientos y competencias, y favorecerás el nacimiento de nuevas ideas. Desde un punto de vista relacional, facilitarás el encuentro entre los empleados de la empresa. Para ello, adjudica previamente los sitios, colocando etiquetas con su nombre en las sillas.

El material de trabajo

Durante la reunión se deben anotar todas las ideas mencionadas. Para que el grupo pueda responder a las propuestas de los demás, es importante que estas se muestren siempre en un soporte visible, que puede ser electrónico, como un proyector unido a un ordenador, o físico, como una pizarra o una pared vacía, si optas por la técnica de los pósits.

SUPERVISAR UNA TORMENTA DE IDEAS: LA RECOPILACIÓN DE LAS IDEAS

Durante esta fase, los participantes se divierten... ¡a veces, demasiado! Así, hay que canalizar la energía para llevarlos en la buena dirección. Si te has preparado bien, esta etapa consiste principalmente en gestionar el grupo. Desde un punto de vista práctico, la introducción y la recopilación de ideas no deberían ocupar más de la mitad de la reunión, para dejar tiempo para el análisis y la toma de decisión.

Las reglas de la tormenta de ideas

La tormenta de ideas se rige por cuatro principios:

* dejar en suspenso todo juicio de valor sobre nosotros mismos y sobre los demás. Se deben emitir todas las ideas, incluso las más irracionales, sin miedo. La palabra clave es la espontaneidad; no obstante, esta última solo se manifestará si cada participante siente que puede

hablar con total libertad;
- dejar correr la imaginación sin ponernos límites;
- proponer el mayor número de ideas posible. No importa su forma o su contenido. El acento se pone sobre la cantidad, no necesariamente sobre la originalidad;
- retomar las sugerencias de los demás para combinarlas y mejorarlas.

Memoriza estas reglas, que conforman la esencia misma de la tormenta de ideas, y enséñaselas a los participantes. Para ello, no dudes en fijar carteles en las paredes de la sala de reunión en los que resumas estos puntos tal y como indicamos en el siguiente esquema.

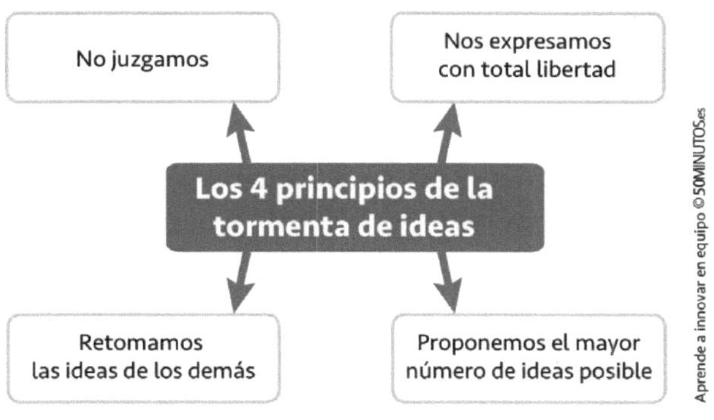

Introducción – Empezar con buen pie

Has dado la bienvenida de manera calurosa a los participantes y los has situado en la sala. Ahora es el momento de presentarles las reglas del juego y obtener su beneplácito. Los participantes confían en el moderador en cuanto a la elección de los métodos creativos, pero este debe asegurarse de que el desarrollo convenga a todo el mundo. Para trabajar sobre una buena base y/o para evitar malentendidos es preferible que nos tomemos unos minutos para revisar nuestro plan a que nos corten en pleno impulso. El moderador también debe obtener la aprobación oral de las reglas de funcionamiento interno del grupo (la hora de la pausa, posibilidad de levantarse durante la reunión para tomar un café, etc.).

En tu introducción, presentarás:

- **el objetivo que debe alcanzarse**. No basta con anunciarlo, sino que también hay que asegurarse de que el grupo lo haya entendido correctamente y que haya un «referente común». Este concepto significa que los participantes deben tener la misma definición del problema. Para ello, adoptan un vocabulario común. Por ejemplo, si quieres encontrar soluciones para llegar a los jóvenes de entre veinte y veinticinco años que fuman «mucho», habrá que definir primero precisamente qué significa «mucho» para el grupo. En efecto, si preguntas a todos los asistentes, observarás que esta noción se interpreta de múltiples maneras: para algunos, significa fumar tres o cuatro cigarrillos al día, para otros, un paquete. Si no os ponéis de acuerdo en un umbral común, tu tormenta de ideas está destinada al fracaso;
- **el desarrollo de la reunión,** es decir, la planificación que debe respetarse para cada etapa, la cantidad, la duración

y la hora de las pausas, etc.;
* **los métodos que se emplearán.**

Romper el hielo

Tras la introducción, a veces es necesario romper el hielo cuando los miembros del grupo no se conocen. El objetivo es que los participantes se sientan cómodos para que puedan expresarse más fácilmente. De alguna manera, es una vuelta de calentamiento.

ALGUNOS EJERCICIOS

* Para que el grupo aprenda a conocerse: el ejercicio se efectúa por parejas, los participantes se presentan ante su compañero y, a continuación, cada uno presenta al otro al grupo.
* Para fraguar un espíritu de equipo: las pequeñas pruebas físicas funcionan muy bien. En círculo, los participantes deben pasarse una pelota y dar la vuelta al grupo lo más rápidamente posible antes de volver a su sitio. Vuelve a empezar varias veces para mejorar el rendimiento y desarrollar una cohesión.
* Para introducir la reflexión: organiza a los participantes en subgrupos de tres y proponles que formulen una pequeña hipótesis para resolver un problema (ligado a la reunión). A continuación, cada grupo presentará su trabajo. Este ejercicio se efectúa en unos diez minutos.

El método de trabajo

Antes de empezar la sesión como tal, deja un tiempo de reflexión individual para que cada uno asimile el tema y prepare sus primeras intervenciones. Durante la preparación de la tormenta de ideas, el moderador define el método que se utilizará durante la reunión, que tiene en cuenta la manera en la que provocarás la aparición de ideas. Cada situación tiene sus particularidades, por lo que es importante que se establezca un diálogo con el cliente o el peticionario de la reunión para que nos adaptemos a la composición del grupo y a su cultura de empresa.

La técnica más evidente es la de dejar que los miembros del grupo se expresen cuando lo deseen. Es el método llamado «expresión espontánea». Como su propio nombre indica, ofrece la ventaja de promover la espontaneidad y la libre circulación de la palabra. Por el contrario, este procedimiento no se adecua a los participantes reservados.

Otro procedimiento muy utilizado es el de la mesa redonda. El moderador da la palabra a cada participante con un sistema de rotación. Su intervención puede contener una o varias ideas. Este método impide que surja un líder y favorece la escucha de los demás. La otra cara es que obstaculiza la espontaneidad y la reacción a las ideas de los otros, factores esenciales en la tormenta de ideas. Para atenuar este problema, implementa la técnica de mesa redonda seguida de la técnica de expresión espontánea.

Existen técnicas más complejas y/u originales. Descubrirás algunas de ellas en la sección «¡Ahora es tu turno!».

Favorecer la participación de todos los miembros del grupo

El peligro más importante de la tormenta de ideas es que surjan líderes que se impongan ante los participantes menos expansivos. Por lo tanto, hay que mostrarse atentos a la dinámica del grupo e ir al encuentro de los individuos. Algunos métodos de trabajo, como la expresión espontánea, necesitan intervenciones más regulares por parte de cada participante, mientras que un procedimiento como la mesa redonda distribuye el tiempo de palabra de manera natural. El método de los pósits facilita la expresión oral. Cuando se trata de infundir confianza a los participantes, lo más delicado es animarlos sin forzarlos a que hablen.

> «Algunos no sienten que tengan derecho a tomar la palabra o no piensan que tengan algo que aportar. Por supuesto, esto es erróneo, por lo que hay que requerir su participación de manera adecuada. En mi caso, juego con sus competencias reconocidas para llevarlos a comentar un punto en el que se sienten menos cómodos al principio» (continuación del testimonio de Pascal).

Si tienes miedo de participar durante una tormenta de ideas, tienes que saber que:

- el miedo a ser juzgado es, probablemente, la causa principal de la inhibición. No obstante, recuerda que Alex Osborn creó la tormenta de ideas precisamente para impedir cualquier juicio. Oblígate a considerar la reunión como un remanso de paz en el que no corres ningún riesgo;
- expresar tus ideas es el mejor medio para que los demás vean otras facetas de ti y descubras afinidades con otros compañeros. Cuanto más compartas, más valorarás la reunión;
- no veas la tormenta de ideas como una competición, sino como la realización de una obra colectiva. El objetivo no es elegir la idea de alguien: se trata más bien de construir el mejor proyecto posible gracias a la creatividad colectiva. Para ello, escucha a los demás participantes.

Durante la reunión, todas las propuestas deben ser anotadas y deben mantenerse siempre visibles para favorecer las reacciones. Cuidado, el asistente que toma notas debe transcribirlas tal y como son evocadas, por lo que él también debe abstenerse de emitir juicios. A veces basta con una palabra para que el sentido de una idea se vea modificado.

TRATAR LOS DATOS DE MANERA EFICAZ PARA OBTENER UNA SOLUCIÓN CONCRETA

Tras esta intensa sesión de creatividad, hay que dejar sitio a la racionalidad. A pesar de que la fase de análisis permite determinar el éxito de tu recopilación de ideas, a menudo acaba descuidándose. ¿De qué sirve tener cientos de ideas si ninguna se concreta? Dedica a esta parte al menos la mitad de la reunión.

De la crítica (entendida aquí en un sentido positivo y constructivo) de las ideas evocadas durante la reunión surgen una serie de criterios de selección para desarrollar un método de validación. Tal y como has procedido para tu introducción general, presenta tu modo de funcionamiento y somételo a la aprobación del grupo. Esta fase puede provocar discusiones e, incluso, tensiones. Es otra faceta de la gestión de grupos con la que debe enfrentarse el moderador.

Los criterios de validación de ideas

Determinar criterios de selección permite que se legitime la elección de la idea seleccionada. De nuevo, se trata de encontrar un «referente común» para comparar equitativamente las ideas. En la práctica, los criterios no siempre están definidos por el equipo, puesto que, a menudo, el propio cliente fija sus exigencias.

Para establecer estos criterios, hay que volver a la pregunta inicial. La primera etapa consiste en retirar las propuestas que claramente se han desviado del tema.

En segundo lugar, se trata de definir criterios específicos de tu tema, que permitan diferenciar las propuestas. Determina también cuáles tienen más peso.

En nuestro ejemplo, «¿cómo convencer a los jóvenes de entre veinte y veinticinco años para comprar una gama de productos?», la eficacia de la solución depende de criterios como la originalidad (¿la competencia ya ha puesto en marcha esta solución?), el ciclo de vida de ese público (se trata a menudo de estudiantes cuyo año está marcado por los exámenes en diciembre-enero, mayo-junio y agosto, por los empleos en verano para poder pagarse los gastos, etc.) y los lugares frecuentados (las asociaciones de alumnos, las páginas web y los foros para jóvenes, etc.), la capacidad para actuar a largo plazo o, por el contrario, aprovechar el momento centrándose en la actualidad, etc.

Para acabar, añadamos a esto los criterios de viabilidad: pide a cada grupo que realiza la misma función que elimine las soluciones que consideran irrealizables en su ámbito de competencias. Por ejemplo: no realista desde un punto de vista físico, informático, etc. Obviamente, si las soluciones son de calidad semejante, las que se adopten serán las menos costosas y las que se implementarán más fácilmente. Es lo que se llama criterios de rentabilidad.

El método de selección

Una vez que se han identificado los criterios de selección, ya solo queda aplicarlos a las propuestas evocadas. ¿Pero cómo proceder? Se pueden emplear dos métodos:

- **la votación**: cada idea se somete a una votación, en función de los criterios establecidos. El conteo de puntos define una jerarquía de soluciones;
- **el consenso**: los participantes conversan y se ponen de acuerdo en las soluciones escogidas. Este método toma más tiempo, pero la ventaja es que es menos mecánico que la votación. Además, favorece el visto bueno del grupo al resultado.

TRUCO

Si parece que la elección resultará difícil, el grupo puede establecer una preselección que servirá como punto de partida para trabajar. Pide a cada participante que cite las tres soluciones que considera que responden mejor al desafío y por qué. Si la situación se estanca, puedes aplazar la decisión hasta una reunión posterior o apelar a otro grupo para obtener una opinión externa. En ambos casos, se trata de tomar distancias. Para acabar, ten en cuenta que si la tormenta de ideas está en relación con un cliente externo, probablemente este se reservará la decisión final entre una cierta cantidad de propuestas.

La aplicación de las ideas escogidas

Ha llegado el momento de que la idea que ha obtenido más votos o sobre la que se ha llegado a un consenso se materialice. Por lo tanto, la decisión no establece un punto final, sino otro punto de partida: el de la aplicación de la solución. Ahora hay que determinar los nuevos objetivos, elaborar una lista con las tareas que deben efectuarse, nombrar a los responsables y conformar al equipo, fijar unos plazos y definir el presupuesto. En realidad, solo cuando se evalúe el proyecto, es decir, tras la integración efectiva de las nuevas líneas directrices, se producirá el desenlace de la aventura iniciada con la tormenta de ideas.

En cuanto termine el taller, no olvides confiar el seguimiento de las ideas emitidas a un responsable (el jefe de proyecto, por ejemplo). Tendrá que dar un *feedback* a todos los participantes de la reunión en las semanas y en los meses venideros. Aunque ciertos miembros del grupo no están implicados en las etapas posteriores, todos merecen ser informados del éxito de su proyecto.

PARA CONCLUIR CORRECTAMENTE UNA REUNIÓN

Da las gracias al conjunto de participantes. Atribuye el

éxito de la tormenta de ideas a todos los miembros del equipo, nunca a un individuo en particular.

Los otros beneficios de la tormenta de ideas

Además de favorecer el nacimiento de soluciones creativas a medida, la tormenta de ideas ofrece otras ventajas. Permite:

- que se refuercen los vínculos interprofesionales y la cooperación en un grupo, puesto que todos los miembros del equipo sienten que están plenamente integrados en una empresa (el «*team building*»);
- que se estimule la reflexión y la creatividad de cada empleado;
- que se intercambien saberes y se compartan competencias;
- la eficacia profesional;
- la afirmación de uno mismo dentro de un grupo.

LOS MEJORES CONSEJOS

- **Sé estructurado**: crea una ficha recapitulativa que recoja todas las etapas de tu reunión y la duración establecida para cada una. Todos estos datos aparecerán en la introducción de la reunión.
- **Ensaya la introducción en casa**: si falta estructura, tu credibilidad se resentirá y eso enviará un mensaje negativo al grupo. En este mismo sentido, examina la sala de la reunión la víspera para asegurarte de que todo está en orden.
- **Muestra el camino del optimismo a tu grupo**: una tormenta de ideas es un intercambio interpersonal que funcionará mucho mejor si el ambiente es bueno. A veces, bastan algunas palabras o una sonrisa para propiciar una conversación.
- **Muestra tú también tu creatividad cuando ejecutes tu tormenta de ideas**: si trabajas varias veces con el mismo grupo, varía tus métodos y tus soportes para evitar las rutinas creativas. No dudes tampoco en combinar varios métodos durante una misma reunión.
- **Mantén una actitud intransigente**: los debates de fondo solo son abiertos durante la fase de análisis. Por lo tanto, ten cuidado, puesto que los participantes querrán conversar sobre los aspectos prácticos de ciertas ideas propuestas durante la recopilación.
- **Redacta un informe y guarda toda huella de tus reuniones**: te servirán más adelante para desarrollar nuevas ideas.
- **Transforma la sesión colectiva en *team building***: la

tormenta de ideas es un momento lúdico de trabajo. Permite crear vínculos entre los empleados de tu empresa. Anímalos a que vuelvan a verse tras esta reunión. ¿Por qué no salir a tomar una copa para celebrar que se ha alcanzado el objetivo?

- **Integra la tormenta de ideas en la cultura de la empresa**: anima a que los participantes intercambien sus ideas cuando se toman el café, por ejemplo. Las condiciones no siempre serán óptimas, pero la creatividad siempre se verá estimulada.
- **Recuerda que la tormenta de ideas es una herramienta entre otras**: si la insertas dentro de un método estructurado, le darás todavía más valor. Se inscribe dentro de lo que hoy llamamos «gestión de la creatividad», que reúne todas las herramientas que favorecen la creación en la empresa.

PREGUNTAS FRECUENTES

¿PUEDO ORGANIZAR UNA TORMENTA DE IDEAS SIN MODERADOR?

A menos que todos los miembros del grupo se conozcan a fondo y tengan una gran experiencia en la materia, no. El moderador se sitúa en el centro de la tormenta de ideas, desempeña el papel de conductor de orquesta. Representa una forma de autoridad indispensable con respecto a la forma (pero no con respecto al fondo).

¿PUEDO PARTICIPAR EN LA TORMENTA DE IDEAS SI SOY MODERADOR?

Desaconsejamos este doble papel por la sencilla razón de que un moderador necesita una cierta perspectiva. Además, surge la cuestión de la neutralidad, sobre todo en un grupo que no conoces: los participantes pueden ver tus intervenciones como una presentación de tus ideas personales.

¿CUÁL ES LA DURACIÓN IDEAL PARA UNA REUNIÓN DE TORMENTA DE IDEAS?

Esta duración depende de una gran cantidad de factores, como el tema que se trata, el número de participantes, etc. Lo más importante es asegurarse de dividir correctamente las fases: tómate entre quince y treinta minutos para instalar al grupo y presentar la introducción. A continuación, la fase creativa siempre es más corta que el tratamiento de las ideas. La duración ideal de una tormenta de ideas se sitúa entre las dos y las tres horas. Si le dedicas menos tiempo, estarás trabajando con prisas, y si le dedicas más, bajará la atención del grupo. Respeta la fórmula: tiempo de introducción + recopilación de ideas ≤ tiempo de análisis.

¿CUÁL ES EL NÚMERO DE PARTICIPANTES IDEAL?

Se estima que entre cinco y ocho. Por debajo de esta horquilla, se corre el riesgo de mantener una conversación pobre; por encima, será difícil gestionar al grupo. Entre nueve y veinte personas, organiza tormentas de ideas paralelas entre varios grupos y acaba con una puesta en común. Por encima de veinte, emplea técnicas de moderación de grupos grandes, como el «Phillips 66». Aun con todo, puedes organizar una tormenta de ideas paralela entre varios grupos, que acabe con una puesta en común.

¿PUEDO REALIZAR UNA TORMENTA DE IDEAS A DISTANCIA?

Por supuesto. El desarrollo de las tecnologías de la comunicación ha favorecido su surgimiento. Pone en contacto a personas alejadas geográficamente, pero que trabajan en la misma multinacional, por ejemplo. La tormenta de ideas a distancia puede presentarse de dos formas:

- una tormenta de ideas por videoconferencia. El grupo conversa en tiempo real, a través de programas que permiten entablar una conversación a distancia;

- la tormenta de ideas a través de aplicaciones de tipo «wiki». Los intercambios se hacen por escrito, mediante una plataforma común. En este caso, la recopilación de ideas y el análisis no tienen por qué desarrollarse en tiempo real: cada uno puede responder en un plazo más largo.

¿QUÉ HACER SI LA PERSONA NO ALIMENTA LA CONVERSACIÓN?

Es poco probable que al principio de la reunión nadie tenga ideas: posiblemente nadie se atreva a expresarse. El primer motivo puede ser la vergüenza. Para solucionarlo, intenta romper el hielo. Si, por el contrario, nadie quiere tomar la palabra, el problema es más grave: ¿se trata de un conflicto interpersonal? ¿Mal ambiente? Hay que identificar el problema y resolverlo inmediatamente.

Durante la reunión, puede que se originen momentos huecos. En este caso, el papel del moderador es el de estimular al grupo. Te presentamos varias soluciones:

- volver a la cuestión inicial;
- volver a leer las ideas que ya se han evocado y pedir eventualmente precisiones sobre ellas;
- partir de una documentación externa (búsquedas en internet, documentos audiovisuales, opiniones de clientes, etc.);
- cambiar de método.

¿ES POSIBLE SUPERAR CONFLICTOS PERSO-NALES CON LA TORMENTA DE IDEAS?

La tormenta de ideas favorece la cohesión y puede propiciar que haya personas que descubran afinidades. No obstante, no se trata de un método de resolución de conflictos como tal. Si dos personas sienten aversión la una por la otra, es mejor que las cosas se aclaren antes de la reunión, a través de una mediación.

¿LA TORMENTA DE IDEAS SE ADAPTA A TODAS LAS SITUACIONES?

Funciona en casi todas las situaciones, pero en algunos casos se muestra ineficaz. Cuando los individuos están demasiado alejados en la jerarquía (en las grandes empresas, por ejemplo), pueden mostrar reticencias a abrirse por completo. Ciertos métodos de tormenta de ideas no se adaptan a todos los contextos: el juego de rol, por ejemplo, requiere una actitud mental adecuada. Si no conoces bien al grupo, evita los métodos demasiado originales al principio.

¿ES MEJOR REFLEXIONAR SOLO O EN EQUIPO?

Cabe preguntarse esto en el marco de la innovación en grupo, puesto que las respuestas son distintas dependiendo de los especialistas. Algunos estudios, enumerados en la obra de Valentine Galtier y Éva Delacroix llamada *Le groupe est-il plus créatif que l'individu isolé? Le cas du brainstorming: 1953-2003, cinquante ans de recherche* («¿Es más creativo el grupo que el individuo aislado? El caso de la tormenta de ideas: 1953-2003, cincuenta años de investigación») afirman, por ejemplo, que pensar solo es más eficaz y que con ello se llega a más soluciones originales. Cuando estás solo, tienes menos distracciones y no pierdes tiempo en conversaciones que a veces se desvían del tema. No obstante, para otros, la riqueza de la tormenta de ideas se sitúa precisamente en el intercambio: reaccionar ante las ideas de los demás es una de las cuatro reglas fundamentales. Al final, nada te impide que alíes las ventajas de trabajar solo y en equipo, organizando estas dos fases en tu reunión.

¡AHORA ES TU TURNO!

¡Un método de recopilación de ideas para cada situación!

Tabla

Métodos	Desarrollo de la moderación	Número de parti-cipantes	Duración
Los pósits	Los participantes anotan sus ideas en pósits y las pegan en una pared. En un primer momento, déjales tiempo para pensar y organizar sus papeles, en silencio, durante el tiempo establecido. A continuación, tómate tu tiempo para leer todas las propuestas formuladas antes de pasar a la expresión espontánea.	De 3 a 8 personas.	Entre 20 y 30 minutos para la toma de notas en pósits, más 30 minutos de expresión espontánea.
El juego de rol	Existen distintas variantes, pero el principio es el siguiente: los participantes adoptan un papel y una forma de pensar que no es la suya. De una manera menos exhaustiva, puedes simplemente preguntar: «¿Qué haría tal empresa, tal personalidad, tal cliente en esta situación?». También puedes limitarte a cambiar un aspecto de la persona: su edad, su nacionalidad, etc. Este método necesita un cierto estado mental en el grupo, puesto que corre el riesgo de convertirse en un teatrillo cómico. Esta técnica no gusta a todo el mundo, puesto que ciertas personas la consideran un poco teatral.	De 3 a 8 personas.	10 minutos de preparación y entre 20 y 50 minutos de moderación.
El pensamiento inverso	Se trata de pensar al revés invirtiendo la pregunta. En vez de preguntarte «¿cómo responder a las expectativas de mis clientes», pregúntate «¿cómo no responder a sus expectativas?». Bastará entonces con invertir estas ideas negativas para que se conviertan en positivas. Aunque este método parece absurdo, aporta un soplo de aire fresco.	De 2 a 8 personas.	Entre 20 y 30 minutos.

Métodos	Desarrollo de la moderación	Número de participantes	Duración
El *brainwriting* 6-3-5	Este método saca su nombre de sus principios: seis personas escriben cada una tres ideas en un folio en blanco. Tras cinco minutos, se trasladan las notas al vecino y se repite el ciclo: cinco minutos para escribir tres ideas, pero esta vez, retomando las ideas que ya están escritas en la hoja. En la práctica, puedes modificar los parámetros del *brainwriting*, añadir participantes, aumentar el tiempo de reflexión, etc.	De 4 a 8 personas.	Entre 20 y 40 minutos.
El mapa heurístico (o *mind map*)	El objetivo es establecer una relación visual y semántica entre el problema y las soluciones propuestas. Es una forma de «estructuración creativa». El tema central se sitúa en el centro del documento. Las ideas propuestas se van añadiendo y se van posicionando poco a poco por categorías. Hoy en día, el *mind mapping* se realiza generalmente con ayuda de programas, algunos de ellos gratuitos (MindMap, Xmind, FreeMind, etc.).	De 3 a 8 personas.	Entre 30 y 50 minutos.

¡Tu opinión nos interesa!
¡Deja un comentario en la página web de tu librería en línea,
y comparte tus favoritos en las redes sociales!

PARA IR MÁS ALLÁ

FUENTES BIBLIOGRÁFICAS

- Bachelet, Rémi. 2012. "Animer un brainstorming". *Gestion de projet*. 30 de junio. Consultado el 29 de noviembre de 2016. http://gestiondeprojet.pm/animer-un-brainstorming/
- Brabandère, Luc de. 2004. *Le management des idées. De la créativité à l'innovation*. 2.ª ed. París: Dunod.
- DeCenzo, David, Philippe Gabilliet y Stephens Robbins. 2008. *Management. L'essentiel des concepts et des pratiques*. París: Pearson Education.
- Delacroix, Éva y Valentine Galtier. 2005. "Le groupe est-il plus créatif que l'individu isolé? Le cas du brainstorming: 1953-2003, cinquante ans de recherche". *Management & Avenir*. Febrero. Consultado el 29 de noviembre de 2016. https://www.cairn.info/revue-management-et-avenir-2005-2-page-71.htm
- Maccio, Charles. 1995. *Des réunions plus efficaces*. Lyon: Chroniques sociales.
- McCurdy, Robina. 2013. *Faire ensemble. Outils participatifs pour le collectif*. Corcelle: Passerelle Éco.
- Osborn, Alex. 1964. *L'imagination constructive. Comment tirer parti de ses idées. Principes et processus de la pensée créative et du brainstorming*. 2.ª ed. París: Dunod.
- Sorez, Hélène. 1977. *Pour conduire une réunion*. París: Éditions Hatier.

FUENTES COMPLEMENTARIAS

- Benoit-Cervantes, Géraldine. 2008. *La boîte à outils de l'innovation*. París: Dunod.
- Cahn, Nathalie e Isabelle Izard. 2012. *Brainstorming box. Comment inventer en groupe de très bonnes idées*. París: Eyrolles.
- Carrier, Camille y Sylvie Gélinas. 2010. *Créativité et gestion. Les idées au service de l'innovation*. Quebec: Presse de l'Université du Québec.
- Demory, Bernard y Danielle Guillot. 1997. *Pour des réunions efficaces et dynamiques — 164 exercices, techniques et jeux d'animation créative*. París: Éditions du Puits Fleuri.
- Gillet, Médéric y Thibault de Maillard. 2012. *Animer une séance de créativité. Comment animer une réunion créative*. París: Dunot.
- Isaksen, Scott, Brian Dorval y Donald Treffinger. 2003. *Résoudre les problèmes par la créativité. La méthode CPS*. París: Éditions d'Organisation.
- McDermot, Robin E., Raymond J. Mikulak y Michael R. Beauregard. 1996. *Développer l'initiative et la créativité du personnel*. París: Dunod.
- Swiners, Jean-Louis y Jean-Michel Briet. 2004. *L'intelligence créative au-delà du brainstorming*. París: Éditions Maxima.
- Wolfe, Olwen. 2007. *J'innove comme on respire... ou comment faire vivre notre capacité d'innovation. Une nouvelle approche du "Creative Problem Solving" de Parnes et Osborn*. París: Éditions du Palio.

en50MINUTOS.es
Historia
Economía y empresa
Coaching
EL DIAGRAMA DE ISHIKAWA
Material   Método   Máquina
Madre Naturaleza   Medida   Hombres
LA GUERRA DE PALESTINA DE 1948
DOMINA EL ARTE DEL NETWORKING